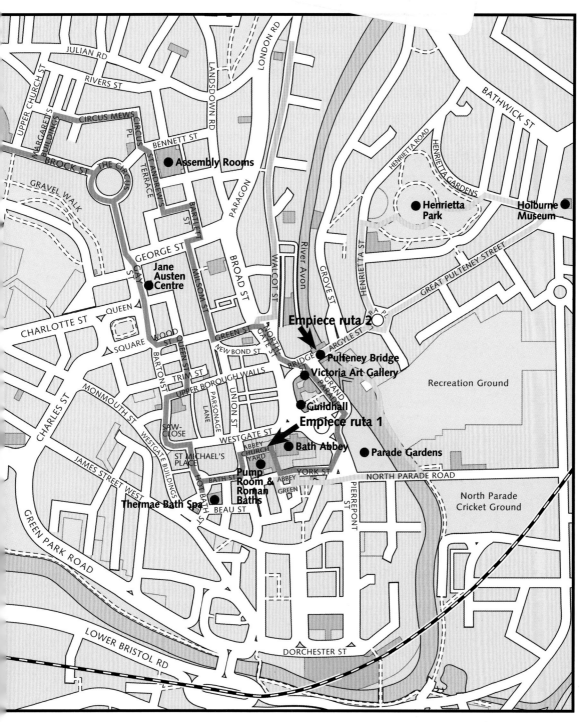

Bienvenidos a Bath

Vinieron, vieron y… quedaron conquistados. Los romanos llegaron a este valle hace unos 2.000 años y, cautivados por el interminable caudal de agua caliente, se quedaron cuatro siglos. El formidable complejo de los baños y el templo, cuidadosamente restaurado, atrae a cientos de miles de turistas cada año a un lugar que sigue siendo el centro social e histórico de Bath. En la Inglaterra georgiana se puso de moda tomar las aguas en Bath, y los visitantes actuales pueden bañarse de nuevo en el agua mineral natural tras la inauguración del nuevo balneario cerca de los antiguos baños romanos. Y hay mucho más: elegantes tiendas y restaurantes, galerías y museos, y una ciudad alegre, con un pasado histórico del que da cuenta su emocionante presente.

Breve historia

La historia de Bladud, el príncipe leproso que descubrió las propiedades curativas del agua de Bath en el 863 a.C. suena a leyenda, pero el valle estuvo habitado durante la Edad de Piedra y la Edad de Bronce, y los celtas se asentamiento en él antes de que los romanos llegaran en el 43 d.C. y construyeran el gran templo y los baños. Cuando Roma perdió la hegemonía en el 410 d.C., los sajones ocuparon Bath y le otorgaron su nombre actual. En el 973, Edgar, el primer rey de Inglaterra, celebró aquí su coronación.

A principios del siglo XII, el obispo John de Villula empezó la construcción de la catedral medieval y mandó construir nuevos baños sobre el manantial, pues las termas romanas habían desaparecido tiempo atrás. Con los años, la gran iglesia normanda, terminada hacia 1166, quedó en ruinas, al igual que los baños. En 1499, una visión indujo al obispo Oliver King, fundador de la actual abadía, a restaurar la iglesia. Aunque las obras se pararon 40 años más tarde bajo Enrique VIII, se reiniciaron en el reinado de Isabel I. La abadía se terminó en 1617.

En 1702-03, dos visitas de la reina Ana alentaron inversiones en los baños. Richard "Beau" Nash llegó en 1703 e implantó el orden público. En la década de 1720, el arquitecto John Wood y el empresario Ralph Allen empezaron la construcción de una urbe de estilo palladiano. Las Assembly Rooms se inauguraron en 1771, y la Pump Room en 1795. Jane Austen llegó en 1801 y, en las novelas *La abadía de Northanger* y *Persuasión*, representó con cáustica pluma una vívida estampa de la ciudad.

Las modas cambiaron en el siglo XIX, pero el declive turístico frenó su curso cuando los baños romanos se redescubrieron y restauraron en 1880. Las dos guerras mundiales afectaron a la ciudad. A finales del siglo XX, Bath volvió a convertirse en una atracción internacional. En 1987 fue declarada Patrimonio de la Humanidad y ahora atrae a varios millones de visitantes al año.

Abbey Church Yard

Esta magnífica plaza da acceso a la abadía de Bath, a los baños romanos, a la Pump Room, a las tiendas y restaurantes. Desde Stall Street, pasee bajo su elegante columnata y disfrute de una buena vista de la fachada occidental de la abadía. Aquí actúan muchos artistas callejeros, desde "estatuas vivientes" y hombres orquesta hasta músicos virtuosos. En el siglo XVIII, el escritor Daniel Defoe describió la zona con desaprobación como "un lugar de rifas, juego y frivolidad". El edificio de estilo palladiano que alberga la tienda del National Trust fue el hogar del mariscal de campo George Wade, comandante del ejército y miembro del Parlamento por Bath.

Abadía de Bath

La iglesia parroquial de Bath, conocida como "la linterna de occidente" por la luz que inunda su interior, tiene de abadía sólo el nombre. Perdió su condición en 1539, tras la disolución de los monasterios que decretó Enrique VIII. Isabel I ordenó su restauración, y la iglesia que vemos actualmente, con su techo de bóveda palmeada, obra de los hermanos Robert y William Vertue, se terminó en 1611. La abadía comenzó entonces sus servicios como iglesia parroquial de Bath.

Vidriera de Edgar

Cuando Edgar se convirtió en el primer rey de toda Inglaterra, eligió para su coronación la pequeña abadía

Vidriera de Edgar

Músico en Abbey Church Yard

sajona que se levantaba en este lugar. La vidriera de Edgar, en la pared oriental, ilustra su coronación el domingo de Pentecostés de 973. La ceremonia de entronización actual se basa en aquella primera celebrada hace más de 1.000 años. La intrincada tumba de la nave es de James Montague, obispo de Bath y Wells de 1608 a 1616.

Fachada occidental

Las tallas de ángeles que suben y bajan por las escalas y los dos olivos representan la visión del obispo Oliver King, de quien se dice que en 1499 soñó con ángeles que descendían y ascendían del cielo a la tierra, y con un olivo. Interpretó el olivo como una señal de que él (Oliver) sería el hombre que restauraría la abadía, la catedral normanda en ruinas. Empezaron las obras, pero Enrique VIII las interrumpió

Tallas de ángeles en la abadía

Tallas de ángeles en la abadía

40 años después. Las estatuas que flanquean la puerta representan a San Pedro y San Pablo, a quienes la abadía de Bath está consagrada.

Criptas del patrimonio

Este museo, situado en sótanos del siglo XVIII junto a la abadía, expone la historia de los edificios religiosos levantados en este enclave desde el siglo VII d.C. En él se hallan las maldiciones romanas, inscritas en tablillas de plomo. Los normandos construyeron aquí una catedral tan grande que la actual abadía habría cabido entera en su nave. Aunque cayó en ruinas, se pueden apreciar restos en piedra sajones y normandos, y objetos medievales de plata.

Pump Room

"Supremo bien, el agua" reza la inscripción (en griego) del frontón, aunque puede que usted no coincida con esta máxima tras un sorbo de esta fuente sulfurosa. En 1706, la alta sociedad de Bath venía aquí a tomar las aguas y cotillear. Esta elegante sala, abierta a la Gran Cisterna, se inauguró en 1795. El café, el té, la comida y los bollos de Bath se sirven con fondo musical del Trío Pump Room o del pianista habitual.

La Pump Room

Beau Nash

La estatua de una figura elegante destaca en lo alto del muro de la Pump Room. Representa a Richard "Beau" Nash, renegado del ejército y de la abogacía y tahúr profesional, quien llegó en 1703 a la entonces provinciana Bath y cambió su estructura social. La reina Ana ya había promocionado las propiedades curativas de los manantiales, y Nash, como Maestro de Ceremonias de Bath, dictaminó las normas de conducta, de indumentaria y de comportamiento que debían seguir los visitantes. Prohibió las espadas y los duelos, y transformó la pequeña localidad en un lugar de recreo, seguro y civilizado, para los más refinados.

Vestigios del tiempo

El reloj de caja alta de Thomas Tompion de 1709 se expone en la Pump Room, al igual que varias pinturas de palanquines, los taxis de la época, que costaban 1 sixpence (2,5 peniques de ahora) por trayecto, más si era empinado. El reloj muestra la diferencia entre la hora solar y la de Greenwich.

Baños romanos

Los romanos no fueron los primeros en descubrir los manantiales de esta tierra, pero aprovecharon al máximo su caudal. Los celtas habían adorado a la diosa Sulis en estas fuentes antes de la llegada de Roma hace 2.000 años. Tras las primeras hostilidades, se declaró la paz cuando los invasores construyeron un balneario suntuoso y un templo donde romanos y celtas pudieran practicar rituales en honor a Sulis Minerva (sincretismo de Sulis y Minerva, diosa de la sabiduría y la curación).

Baños romanos

Incesante fluir

De los tres manantiales ricos en minerales del centro de Bath fluyen diariamente más de un millón de litros de agua termal, a unos 46°C. El agua que vemos hoy cayó en forma de lluvia en las colinas de Mendip hace 10.000 años.

Los baños

Con sus avances en ingeniería, los romanos supieron canalizar el agua del manantial hacia el enorme estanque de piedra recubierto de plomo que abastecía los baños. Un desagüe (todavía visible) reconducía el agua sobrante hacia el río Avon. Construyeron tres piscinas, de muy caliente a muy fría, donde los bañistas se reunían para nadar, cerrar negocios, apostar, jugar o divertirse. Dos "baños turcos", climatizados por debajo, les servían para expeler la suciedad por el sudor.

Baños romanos

Templo de Sulis Minerva

El impresionante templo romano, sostenido por cuatro columnas enormes, se construyó en el interior de un patio abierto. Una cabeza aterradora, con elementos de divinidad acuática y de Gorgona, miraba torvamente desde el frontón central. En el interior, bañada por la luz de una llama inextinguible, se hallaba la estatua de bronce dorado de la diosa Sulis Minerva. Multitud de ofrendas votivas, como joyas o monedas, u otras en forma de inscripciones en tablillas de plomo blando, se arrojaban al agua en honor a la diosa.

Baño del Rey

Cuando se marcharon los romanos, las termas se encenagaron y la gloria del templo y de los baños quedó relegada al olvido. Pero los rumores sobre las propiedades curativas del agua llevaron a un obispo del siglo XI, John de Villula, a construir una nueva alberca, el Baño del Rey, sobre el embalse original, con piedra hallada en el lugar. El obispo

La Gran Cisterna

pretendía que beneficiara a los enfermos, pero los historiadores dan cuenta de escenas de escuálidos desnudos, un tanto subidas de tono, con multitud de espectadores burlones que transformaban el lugar en un circo.

Los georgianos

En el siglo XVIII, una estancia en Bath para tomar las aguas se convirtió en moda. Un baño mañanero, una visita a la Pump Room para beber un vaso de agua mine-ral, un desayuno social, quizás un café o unas compras seguidas del almuerzo. Tras la comida tocaba un paseo y un descanso antes de pasarse por las Assembly Rooms, superiores o infe-riores, o bien asistir al teatro, a un baile público o a una sesión de juegos de mesa.

La Gorgona

Bañera circular

Sulís Mínerva

Los romanos

Aquí se puede admirar el busto de la diosa Sulis Minerva que se adoraba en el templo romano. Se exponen otros objetos, esculturas, mosaicos y restos romanos, y la vida en Aquae Sulis, el asentamiento que creció en torno a las termas romanas y al templo.

Cura milagrosa

Cuenta la leyenda que el príncipe Bladud, expulsado de su reino y convertido en porquerizo porque sufría la lepra, fue el primero en descubrir las propiedades curativas de estos manantiales. Notó que las llagas de los cerdos desaparecían cuando se revolcaban en el agua, y lo probó él también. La lepra desapareció, recuperó su reino y se convirtió en padre del rey Lear. O eso dicen.

Balneario de las Termas

El caudal interminable de agua mineral brota de tres fuentes, llamadas Manantial Hetling, Manantial Cross y Manantial del Rey. Se trata del único lugar en Gran Bretaña donde se puede nadar en agua termal natural. Una "subvención del milenio" hizo posible la restauración de los inmuebles de Hetling Court, con el resultado de un edificio muy contemporáneo que contrasta con su entorno georgiano. Es el Baleario de las Termas, coronado por una piscina en la azotea.

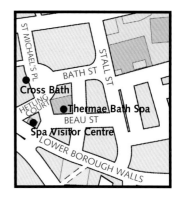

Hetling Court

Bath Street, elegante y porticada, lleva a la zona de Hetling Court, uno de los espacios urbanos más agradables del mundo. Aquí, en su elogiada arquitectura de vi-drio y piedra, el Balneario de las Termas combina los baños históricos bellamente restaurados, incluido el Cross Bath y el Hot Bath, con piscinas, saunas y salas de masajes y tratamientos.

Balneario de las Termas

Piscina en la azotea del balneario

Hot Bath

Se trata de la contribución de John Wood el Joven a la diversión del Bath del siglo XVIII, pero el gran arquitecto se maravillaría de los nuevos tratamientos que se ofrecen hoy en día. Entre otros, se puede elegir entre el "watsu" (un terapia de agua), un relajante envoltorio corporal, o probar la estufa kraxen, una terapia con heno alpino.

Centro del visitante

La Hetling Pump Room alberga exposiciones gratuitas, con información sobre la historia de los manantiales de Bath y una audio-guía excelente.

Cross Bath

El Cross Bath, ahora restaurado, se encuentra en un edificio de protección arquitectónica de nivel 1. Como el Hot Bath, en él se adoraba a los dioses en tiempos romanos.

David Garrick

Sawclose

En Sawclose se encuentra el bonito e íntimo Teatro Real. Vale la pena explorar las antiguas calles de esta zona de Bath, por su encanto y su historia.

Teatro Real

El teatro se halla encajonado entre el Garrick's Head, el bar teatro que lleva el nombre del actor del siglo XVIII e ídolo en la época David Garrick, y un restaurante. Este teatro tiene fama de registrar más actividad paranormal que ningún otro del país. La Dama de Gris se aparece en los palcos dejando un fuerte perfume a jazmín, y al Portero lo ven sólo los actores. Se dice que, si alguien ve una mariposa muerta, se avecinan problemas.

Puento Trim

El pasadizo de Trim Street recibe el nombre de Puente Trim. Pero el auténtico puente, que cruzaba el foso de la ciudad, se halla bajo tierra. Esta arcada, la Puerta de St. John, lleva a Queen Street, una calle empedrada, con bares y tiendas exóticas.

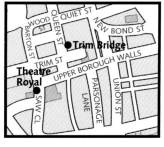

Teatro Real

El nombre del silencio

El arquitecto John Wood diseñó buena parte de Bath, incluidas las calles que dan a Queen Square. Dicen que tanto deseaba encontrar un nombre para esos callejones que cierto día interrumpió un pleno municipal para exigir ideas. "¡Silencio, John Wood!", le espetó el presidente. Wood inclinó la cabeza, abandonó la sala y ordenó tres placas de piedra con las inscripciones: Quiet Street ('Calle del silencio'), John Street y Wood Street.

Queen Square

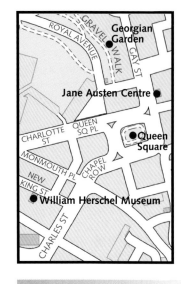

John Wood, carpintero, arquitecto y un apasionado de la gloria de la antigua Roma, llegó a Bath en 1727 decidido a reconstruir la ciudad al estilo del italiano Andrea Palladio. Empezó con la concepción de la majestuosa Queen Square, uno de los primeros espacios clásicos unificados en una ciudad británica.

Queen Square

Se llama así en honor de la reina Carolina, esposa de Jorge II. El obelisco que se halla en el centro del jardín conmemora una visita de Frederick, príncipe de Gales. Tras las fachadas palaciegas del lado norte hay siete casas, una de las cuales ocupaba el propio John Wood. Una placa de bronce marca el nº 41 de Gay Street, que mira a Queen Square. Era el domicilio del hijo de Wood, también llamado John, quien prosiguió la obra de su padre.

El empressario

La llegada de John Wood a Bath coincidió con la compra por parte de un empresario local, Ralph Allen, de la cantera de Combe Down, de donde procedía la caliza de color miel que se usaba en la construcción de los nuevos edificios. Allen, quien había hecho una fortuna con la reestructuración del sistema postal, invirtió el dinero en la ambiciosa reconstrucción de Bath, e hizo otra fortuna.

Queen Square

Centro de Jane Austen

Museo William Herschel

"Me he adentrado más en el universo que ningún otro ser humano", dijo Herschel, quien vivió en New King Street con su hermana Caroline, también distinguida astrónoma y muy dotada para la música. Fue aquí donde los Herschel descubrieron el planeta Urano en 1781.

Gravel Walk

Centro de Jane Austen

Jane Austen es la más famosa de todos los escritores que han vivido en Bath. El Centro Jane Austen de Gay Street, cerca del lugar donde Jane vivió un tiempo, informa de su vida en la ciudad. En sus dos visitas y cinco años como residente, de 1801 a 1806, Jane llegó a conocer muy bien la ciudad, cuyos personajes y vida social comprendió a la perfección. Sus observaciones sobre la elegante sociedad georgiana no siempre fueron benévolas, especialmente por el esnobismo y la pedantería que presenció.

Gravel Walk y el jardín georgiano

Desde Queen Square, una avenida agradable y sombreada lleva directamente hasta Royal Crescent, donde solían pasear los georgianos. En Gravel Walk se abre un pequeño jardín, restaurado como habría sido hacia 1760. Este pacífico entorno, lleno de plantas de la época, brinda un lugar donde sentarse y permanece abierto todos los días.

Novelas de Bath

Las heroínas de las dos "novelas de Bath" de Jane Austen, la ingenua Catherine Morland (*La abadía de Northanger*) y la retraída Anne Elliot (*Persuasión*), recorrieron las mismas calles y disfrutaron de los mismos edificios públicos que se pueden visitar hoy.

Jardín georgiano

El Circus y Royal Crescent

El extraordinario conjunto arquitectónico de Gay Street es el Circus de John Wood el Viejo. Su interés por los círculos de piedra prehistóricos inspiró esta glorieta perfecta de casas, que diseñó para que emulara el Coliseo de Roma. Muy cerca, en Brock Street, se halla el Royal Crescent de Wood el Joven, sobre una colina con vistas ininterrumpidas de la ciudad.

El Circus

El Circus es la obra maestra de John Wood. En Bath ya había construido Queen Square, North y South Parade y mucho más cuando volcó sus obsesiones en la creación de estas tres hileras curvadas, de 33 casas, que forman el círculo. El orden clásico está representado en las tres gradas perfectamente alineadas con pare-jas de columnas: dóricas en la planta baja, jónicas en el centro y corintias en lo alto. Se cree que las tallas de bellotas que adornan los parapetos representan la leyenda del príncipe Bladud y su piara (v. la página 9). Las tallas de los frisos, con símbolos masónicos, ilustran los logros de la época. Wood murió en 1754, al comienzo de las obras, y su hijo se encargó de terminar el Circus.

Las bellotas del Circus

El Circus

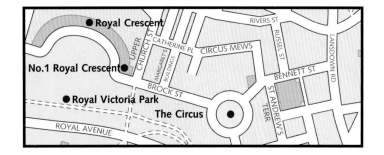

Royal Crescent

En cuanto se terminó el Circus en 1766, John Wood el Joven comenzó las obras de Royal Crescent, una hilera de 30 casas unidas con columnas jónicas gigantes, que mira a los campos y colinas del valle del Avon. El césped bajo las casas todavía está separado del parque público por una *ha-ha*, una zanja con murete que impide que los animales y las personas ajenas al lugar pisen donde no deben.

No. 1 de Royal Crescent

Esta casa, terminada en 1769, se arrendó a Thomas Brock (quien da nombre a Brock Street). El Bath Preservation Trust la ha restaurado y hoy es un museo que muestra cómo eran por dentro estas magníficas casas georgianas.

Royal Victoria Park

Este parque se creó en 1829 y se inauguró oficialmente en 1830 en honor de las princesa Victoria (el primer parque que llevaba su nombre), quien a la sazón contaba 11 años y se encontraba en Bath.

Amor efímero

Una placa sobre el muro del nº 11 de Royal Crescent conmemora la fuga de la bella Elizabeth Linley, de 18 años, aclamada cantante de Bath, con el dramaturgo Richard Brinsley Sheridan. La historia no tuvo un final feliz. Sheridan se hizo famoso, pero descuidó su fortuna, y Elizabeth, apenada por sus infidelidades, murió de tisis en 1792, a los 38 años.

Nº 1 de Royal Crescent

Royal Crescent

Ciudad alta

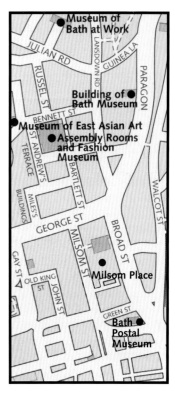

En esta zona se encuentra Bennett Street (en boga cuando las Assembly Rooms superiores, obra de Wood el Joven, se inauguraron en 1771), Bartlett Street y Milsom Street. En los muros de las casas se pueden admirar elaborados soportes de teas y apagavelas cónicos, usados en su día para las antorchas que llevaban los palanquines.

Museo del Arte Asiático Oriental

Assembly Rooms y Museo de la Moda

Para el "gran ridotto" se vendieron 1.200 entradas de una guinea, cada una para un caballero y dos damas. Aquel baile inauguró este elegante grupo de salones, donde se podía bailar, escuchar música, jugar a las cartas, relacionarse y tomar el té. El salón de baile, el octógono, el salón de juego y el salón de té siguen albergando actos en la actualidad. La planta baja es hoy en día un museo que exhibe una colección de moda del siglo XVI hasta el presente, aclamada en todo el mundo.

Museo del Arte Asiático Oriental

Este museo contiene tesoros del arte chino, mongol, coreano, tailandés, japonés y tibetano desde el 5000 a.C. El edificio georgiano de Bennett Street alberga cuatro galerías.

Assembly Rooms

Colección de la Construcción de Bath

En la magnífica capilla gótica de la condesa de Huntingdon, una muestra explica la transformación de un balneario provinciano en una esplendorosa ciudad georgiana. Presenta la historia de los planes de John Wood para Bath y muestra exactamente cómo se construyeron y decoraron las casas.

Museo de los Oficios de Bath

Dé un corto paseo hasta Julian Road para ver el trabajo del señor Bowler, ingeniero victoriano, fundidor de latón, colocador de campanas, instalador de gas, cerrajero y fabricante de bebidas gaseosas. Aquí se recrea su empresa familiar, activa durante 97 años.

*Hospital Royal Mineral Water,
Old Bond Street*

Milsom Street

La principal calle comercial de Bath posee tiendas de elegantes fachadas, especialmente los grandes almacenes Jolly's, que inauguró James Jolly en 1831 como Bath Emporium. Al final de Milsom Street se halla una maraña de callejuelas y callejones llenos de tiendas y cafeterías.

Milsom Place

Galletas curativas

El Dr. William Oliver, del hospital Royal Mineral Water, creó la galleta Bath Oliver en el siglo XVIII como antídoto a las comidas pesadas. El hospital se especializa ahora en enfermedades reumáticas, y la galleta es sólo un postre delicioso.

Milsom Place

Aquí, entre las calles Milsom y Broad, guardaba sus caballos el alcalde Walter Wiltshire. Ahora contiene tiendas y terrazas en dos niveles.

Museo Postal de Bath

Cerca del lugar desde el cual se remitió la primera misiva franqueada del mundo (con un Penique Negro), este museo de Green Street cuenta la historia de las cartas, desde su remite hasta su entrega, desde tiempos remotos a la actualidad. Una sección está dedicada a Ralph Allen, reformador del servicio postal británico y decisivo en la reconstrucción de Bath.

Museo de los Oficios de Bath

Walcot Street

A pocos pasos de las principales tiendas comerciales se encuentra una zona más tranquila, limitada por una colina empinada por un lado, y con vistas al río Avon por el otro. Walcot Street, conocida como "el barrio de los artesanos", ha sido siempre un lugar poco convencional. Hoy, esta calle sinuosa atrae a muchos visitantes por sus tiendas excelentes y algo excéntricas.

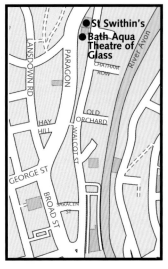

Teatro del Vidrio Aqua de Bath

Aquí puede observar las artes centenarias del soplado de vidrio y de la elaboración de vidrieras en un entorno espectacular. Las piezas que crean estos artesanos, inspiradas en el vidrio romano y el vidrio azul de Bristol, son fascinantes e instructivas. Diariamente se puede admirar el soplado de vidrio, con muchas actividades para los niños.

Iglesia de San Swithin

En la iglesia parroquial de Walcot, la única georgiana de Bath, se casó el reverendo George Austen, padre de Jane, y fue enterrado en 1805. La novelista, cronista y dramaturga Fanny Burney, que vivió en South Parade, también está enterrada aquí.

Teatro del Vidrio Aqua de Bath

Walcot Street

Un lugar en ninguna parte

Los residentes y comerciantes de Walcot Street se ven como una nación aparte, y con razón. Los cartógrafos se olvidaron de la calle y no la incluyeron en el nuevo mapa de Bath. Walcot Street solía organizar anualmente una "Fiesta Nacional" popular para celebrar el error.

Grand Parade y Guildhall

Por las anchas aceras de la Grand Parade y las North y South Parade de John Wood paseaba la sociedad de Bath, contemplaba el río, se embarcaba en recorridos en bote por sus aguas o se sentaba en los jardines públicos.

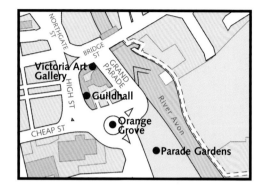

Galería de Arte Victoria

En la 1ª planta hay obras de Sickert y Gainsborough, que vivieron en Bath, y de Turner, que pasó un tiempo en la ciudad. La planta baja alberga uno de los mejores programas de exposiciones itinerantes de la región. En el exterior, la estatua de la reina Victoria es un regalo de las mujeres de Bath con motivo de la inauguración de la galería en 1900.

Guildhall

El Guildhall se construyó para grandes funciones cívicas. Los visitantes pueden recorrer en el piso superior el magnífico salón de banquetes (con su galería para trovadores, candelabros impresionantes y ornamentadas chimeneas) y la preciosa sala Aix-en-Provence.

Orange Grove

Esta zona rodeada de árboles posee en el centro un obelisco que donó Beau Nash. Se construyó para celebrar la curación en las aguas del príncipe de Orange en 1734. En aquella época era una plaza circundada de tiendas y cafeterías.

Parade Gardens

Aquí puede descansar en una tumbona y admirar la glorieta y los cuidados parterres. El río Avon discurre plácido por los jardines, con buenas vistas del Pulteney Bridge y la presa.

Galería de Arte Victoria

Parade Gardens

19

Pulteney Bridge y Bathwick

En la segunda mitad del siglo XVIII, Frances Pulteney heredó la finca rural de Bathwick, de 240 hectáreas, situada al este de Bath, al otro lado del río. La guerra de la independencia de Estados Unidos y el estallido de las hostilidades con Francia frustraron los planes de su esposo de edificar una zona residencial neoclásica ajardinada, pero antes se construyeron Pulteney Bridge, Great Pulteney Street y los jardines que tanto le gustaban a Jane Austen. Las calles Henrietta Street y Laura Place llevan el nombre de la hija de los Pulteney, Henrietta Laura, quien heredó las tierras y se convirtió en condesa de Bath.

Pulteney Bridge

Pulteney Bridge

Este puente palladiano, bordeado de tiendas, actualmente restaurado según el diseño original de Robert Adams, era clave en los planes de urbanizar al otro lado del río Avon que acariciaba la familia Pulteney. Sin duda, Adams tenía en mente los italianos Ponte Vecchio y de Rialto cuando diseñó este puente, terminado a finales de 1773, que alarga Argyle Street hasta el otro lado del ancho río; en su día, un paisaje típicamente rural.

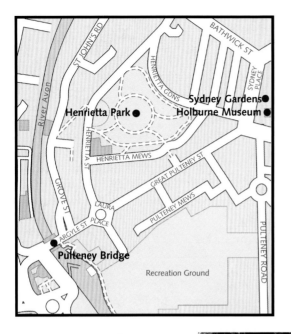

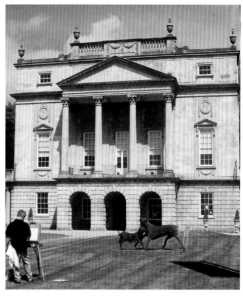

Museo Holburne

Henrietta Park

El parque, dos hectáreas de caminos serpenteantes y árboles antiguos, contiene un jardín conmemorativo, con un estanque y una pérgola, donado por el Ayuntamiento de Bath en 1936, en memoria del rey Jorge V.

Holburne Museum

Éste fue en su día el gran hotel Sydney, la gran atracción de Great Pulteney Street. Habría sido interesante saber qué opinaba la tan observadora Jane Austen del movimiento que registraba el novedoso establecimiento situado frente a su residencia familiar de Bath en Sydney Place. El actual Museo Holburne, uno de los excelsos museos pequeños del país, expone obras de Gainsborough, Guardi, Stubbs y Turner, permanecerá cerrado al público por obras de restauración hasta 2011.

Jardín conmemorativo en Henrietta Park

Sydney Gardens

Sabemos que a Jane Austen le encantaban estos jardines de Great Pulteney Street. Su intrincado laberinto (se vendían planos para ayudar a quienes se adentraran en él) y senderos serpenteantes le permitían zafarse de la chá-chara que tanto le molestaba. En su época, aquí se celebraban galas con música (que detestaba) y fuegos artificiales. Los jardines, todavía agradables, tienen pasarelas sobre el canal Kennett and Avon y una reproducción del templo romano de Sulis Minerva.

La joven heredera

Entre los muchos tesoros artísticos del Museo Holburne se encuentra el evocador retrato de una joven Henrietta Laura Pulteney, obra de Angelica Kauffman, fechado en 1777. Lleva un vestido blanco y una cesta llena de fruta recién recogida.

21

Great Pulteney Street

Durante casi 15 años, el ambicioso puente sobre el río Avon de William Pulteney llevaba sólo a la parcela rural de Bathwick: un molino y un jardín de recreo, a los que antes se accedía en barco. Pero, desde que empezaron las obras en 1787, y a pesar de que nunca se hizo realidad la elegante zona residencial que planeó el arquitecto Thomas Baldwin, el gran paseo que es hoy Great Pulteney Street atrajo a un montón de curiosos al otro lado del río.

Great Pulteney Street

Se trata de una avenida majestuosa, bordeada de altos edificios georgianos a ambos lados de una calzada de 33 metros de anchura. La vía, completamente recta, tiene 370 metros de longitud, con el antiguo hotel Sydney (actual Museo Holburne) y Sydney Gardens en un extremo, y Laura Place en el otro. El arquitecto Thomas Baldwin concibió este grandioso paseo como la "columna vertebral" de su ambicioso proyecto, que abandonó cuando sufrió problemas financieros después de terminar esta calle en 1789. Muchas personalidades se han alojado o residido aquí, como Napoleón III, Luis XVIII de Francia y William Wilberforce, quien puso fin al comercio británico de esclavos.

Laura Place

Argyle Street, Great Pulteney Street, Henrietta Street y Johnstone Street se encuentran en esta glorieta arbolada, con una fuente en su centro. Busque el singular buzón victoriano Penfold, que data de 1866 y lleva el nombre de su creador, J.W. Penfold. Hay otro buzón Penfold en Great Pulteney Street.

Presa Pulteney

Una escalera al principio del puente desciende a la orilla del río. Desde las terrazas se disfruta de una vista excelente de la presa, que en su día movía los batanes que molían el maíz en ambas orillas. Las inundaciones río abajo se convirtieron en un problema recurrente y, en 1971, la presa se transformó en la construcción oval que es ya toda una atracción.

Great Pulteney Street

Buzón Penfold

Paseo por la orilla del río

Turistas y residentes disfrutan de los paseos por este camino, que ofrece buenas vistas de la abadía y de Parade Gardens. Aquí puede embarcarse en una excursión para contemplar desde el río los atractivos de la ciudad o sentarse en un banco.

Ribera próxima a North Parade

Dédalo de Bath

Este laberinto de césped, construido en 1984, abarca casi la totalidad de Beazer Gardens y es el preferido de los niños. Las formas del sendero laberíntico de piedra de Bath se inspiran en los tragaluces de los edificios de la ciudad y en la presa. En el centro figura un mosaico con la "cabeza de Gorgona" de la Sulis Minerva céltico-romana.

Laberinto de césped de Bath

North Parade

El arquitecto John Wood el Viejo, insti-
gado por su entusiasmo por la arquitectura y edificios de la antigua Roma,
quería dar a Bath un foro, un centro
social de edificios magníficos, cada uno
con terrazas convergentes a la zona
central. North Parade, South Parade,
Pierrepont Street y Duke Street, cons-
truidas sobre las ciénagas de los huertos
de la abadía, se hicieron realidad antes
de que el gran diseño se redujera y se
abandonara la idea de un foro central.

Fuente en el Terrace Walk

North Parade

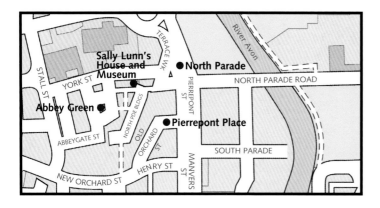

North Parade

Las amplias aceras de esta calle del siglo XVIII, terminada en la década de 1740, se concibieron para que las señoras pasearan, vieran y fueran vistas, en la elegante Bath. La calle atraviesa el río Avon, con unas escaleras que llevan a la orilla. Cerca se encuentran Terrace Walk y Orange Grove. Aunque ahora muy transitadas, eran en la época dos arterias peatonales de Bath llenas de árboles. Cualquier paseo por ellas llegaba hasta los recién cercados Parade Gardens.

Pierrepont Place

Los Linley, una familia de gran talento, vivieron en el nº 1, justo al lado del arco dórico (hay una placa de bronce en el muro), antes de mudarse a Royal Crescent. Thomas Linley, quien organizaba conciertos en Bath y tocaba el clavicémbalo, tenía tres hijos: Thomas, violinista y amigo de Mozart, Mary y Elizabeth, de las que se dice que cantaban como los ángeles. El joven Thomas murió en un accidente de barco a los 22 años; y Elizabeth, una belleza, se fugó con el dramaturgo Richard Sheridan.

Casa y Museo de Sally Lunn

Casa y Museo de Sally Lunn

Nadie sabe quién era Sally Lunn, pero el rico bizcocho que lleva su nombre es el preferido de los turistas. Un pequeño museo en un sótano del callejón North Parade exhibe artefactos que se remontan a la época romanos.

Abbey Green

Antes de que los georgianos transformaran Bath, el antiguo monasterio de San Pedro, fundado en el siglo XII, ocupaba casi una cuarta parte de la entonces villa amurallada. Enclavado al sur de los baños romanos y la zona de la abadía se halla un pequeño rincón que todavía parece respirar la pacífica atmósfera monástica. Es Abbey Green, a la sombra del gran plátano que se yergue en su centro. En el arco de piedra se cerraba el viejo portón de la abadía.

Ralph Allen

Ralph Allen, cartero, jefe de sucursal de correos, empresario y, junto con Wood padre e hijo, decisivo en la construcción de Bath, vivió en una espléndida mansión en York Street. No está abierta al público, pero se pueden visitar sus jardines, Prior Park, en las afueras de la ciudad. Empezados en 1734 con la ayuda de Alexander Pope y, posteriormente, de Capability Brown, contienen un puente palladiano, tres lagos (uno serpenteante), una cascada y un templo gótico. La casa, actualmente una escuela mixta, es obra de John Wood.

Talla en una pared de York Street

Información

Calendario de celebraciones

Encontrará información completa y actualizada en la Oficina de Información y Turismo (vea la página 27).

Febero/marzo/abril
Festival Literario de Bath
Festival Shakespeare
Unplugged
Festival de la Comedia de Bath
Medio Maratón de Bath
Festival de Mid-Somerset
Pruebas Ecuestres de Badminton

Mayo/junio
Festival Internacional de Música de Bath
Festival Fringe de Bath: festival de arte, con más de 200 actuaciones en 6 semanas
Feria de Royal Bath and West
Festival de Danza de Bath
Feria Anual de Bath de las Flores de Primavera
Festival Fringe de Bath
Festival de Glastonbury

Julio/agosto
Festival Internacional de Guitarra de Bath
Baños romanos baja las antorchas
WOMAD
Conciertos Forever Friends
Festival Ecuestre British Eventing

Septiembre/octubre
Festival de Jane Austen
Festival de Literatura Infantil
Festival de Cine de Bath
Feria Nacional de la Jardinería Amateur

Noviembre/diciembre
Festival de Mozart en Bath
La Regencia de Jane Austen
Navidades en el Centro de Jane Austen: disfraces, comida, juegos, adornos y entretenimiento de estas fiestas
Navidades en Claverton, en el Museo Americano en Gran Bretaña
Mercado de Navidad de Bath
Villancicos a la Luz de las Velas
Comedia Navideña para la Familia en el Teatro Real

Globos en Royal Victoria Park

Claverton Manor

A las afueras de Bath se halla Claverton Manor, sede del célebre Museo Americano, que alberga la mejor colección de arte americano fuera de Estados Unidos y una exposición de historia colonial. La exhibición anual "Navidades en Claverton" muestra cómo los primeros colonos de América celebraban las Navidades y adornaban las casas.

Museos y galerías

Museo Americano en Gran Bretaña 01225 460503,
www.americanmuseum.org;
Vidrio Aqua de Bath 01225 428146, www.bathaquaglass.com;
Museo Postal de Bath 01225 460333,
www.bathpostalmuseum.org.uk;
Colección de la Construcción de Bath 01225 333895,
www.museumofbatharchitecture.org.uk;
Museo de la Moda 01225 477789, www.fashionmuseum.co.uk;
Museo Herschel 01225 446865, www.herschelmuseum.org.uk;
Museo Holburne 01225 388569, www.holburne.org;
El Centro de Jane Austen 01225 443000, www.janeausten.co.uk;
Museo de los Oficios de Bath 01225 318348,
www.bath-at-work.org.uk;
Museo del Arte Asiático Oriental 01225 464640, www.meaa.org.uk;
Nº 1 de Royal Crescent 01225 428126,
www.no1royalcrescent.org.uk;
Baños romanos 01225 4777785, www.romanbaths.co.uk;
Museo de Sally Lunn 01225 461634, www.sallylunns.co.uk;
Balneario de las Termas de Bath 01225 331234,
www.thermaebathspa.com;
Galería de Arte Victoria 01225 477233, www.victoriagal.org.uk

Recorridos y excursiones

En la Oficina de Información y Turismo o en www.visitbath.
co.uk encontrará más información sobre los recorridos si-
guientes y muchos otros.

Recorridos a pie gratis parten del exterior de la Pump Room en
Abbey Church Yard: salidas con guías Blue Badge, paseo Jane
Austen, Ruta de los Fantasmas y el paseo por el Bath Singular.

También se pueden organizar recorridos privados. Véase:
www.visitbath.co.uk/things-to-do/sport-and-adventure/walking/

Los paseos en barca por el río Avon y por el canal Kennet and
Avon parten regularmente de la Presa Pulteney, Broad Quay y
Sydney Wharf.

Por la ciudad circulan autobuses turísticos que se pueden abor-
dar en cualquier punto, y parten excursiones en autocar hacia
muchos lugares de interés dentro y fuera de la ciudad.

Los vuelos en globo despegan diariamente desde Royal Victoria
Park durante el verano.

i Oficina de Información y Turismo de Bath

Abbey Chambers,
Bath BA1 1LY
tel: 0844 847 5256
Sitio Web: www.visitbath.co.uk

Shopmobility

Sillas de ruedas motorizadas para personas con limitaciones de movimiento: pequeña tarifa por uso.
Para reservas,
tel: 0844 847 5256

Baños romanos bajo las antorchas

En julio y agosto, los baños están abiertos hasta las 10 de la noche. Los visitantes pueden admirarlos a la luz de las antorchas (última admisión, 21:00 h).

Cubierta: Los baños romanos.
Contracubierta: Casa y
Museo de Sally Lunn

Agradecimientos

Fotografías de Neil Jinkerson ©
Pitkin Publishing. Fotografías
adicionales publicadas con el per-
miso de: Alamy: 6ab. izq. (Chris
George), 10 (Adrian Sherratt),
17arr. der. (Amoret Tanner);
Centro del Patrimonio Industrial
de Bath: 17; Ayuntamiento de
Bath y del NE de Somerset:
16c. ab.; Biblioteca de Arte de
Bridgeman: 21c. der.; John Curtis:
11 ambas; Pitkin Publishing:
4, 7c. der., 8 principal, 9 todas;
Provincial Pictures: 2/3, 21arr.
der., 24arr., 25c., 26 ambas,
Contracubierta; Museo del Arte
de Asia Oriental: 16c. izq; Baños
romanos, Bath y del NE de
Somerset: FC.

Los editores desean agradecer
a Jan Hull y Maeve Hamilton
Hercod (Sulis Guides Ltd.), Pat
Dunlop, Maggie Bone y Stephen
Clews (Ayuntamiento de Bath
y del Noreste de Somerset) la
ayuda prestada en la preparación
de esta guía.
Escrita por Annie Bullen; la
autora hace valer sus derechos
morales.
Edición de Angela Royston.
Diseño de Simon Borrough.
Búsqueda de las fotos adicio-
nales: Jan Kean.
Plano de la ciudad/de los apar-
camientos de intercambio modal
por The Map Studio, Romsey,
Hants, RU; planos de rutas de
Simon Borrough; mapas basados
en cartografía © George Philip Ltd.
Traducción de Elena Ureña
Escobar en asociación con
First Edition Translations Ltd,
Cambridge (Reino Unido).

Toda la información es co-
rrecta en el momento de su
impresión, pero puede estar
sujeta a cambios.

Impreso en Turquía.
ISBN 978-1-84165-351-8
6/19

PITKIN CITY GUIDES

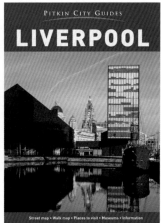

Esta guía pertenece a una serie sobre ciudades

Disponible por correo
Para consultar la lista de obras completa, visite
www.pavilionbooks.com, o llámenos para recibir un catálogo.

Pitkin Publishing, Pavilion Books Company Ltd.,
43 Great Ormond Street, London, WC1N 3HZ

Ventas y consultas: 020 7462 1500
Correo electrónico: sales@pavilionbooks.com